EMPRUNT DE QUATRE MILLIONS

ordonné par les Etats de Bretagne, assemblés extraordinairement en 1748.

PROCURATION DU 1er MAY 1748.

ES GENS DES TROIS ETATS DU PAYS ET DUCHÉ DE BRETAGNE, convoqués & affemblés extraordinairement par autorité du Roi, dans la Ville de Rennes; en conféquence de leur Déliberation en datte du jour d'hier, & conformément à icelle, & fous le bon plaifir du Roi, ont par ces Préfentes, donné & donnent plein & entier pouvoir & procuration à JEAN-BAPTISTE-SIMON BOYER DE LABOISSIERE, leur Tréforier, de prendre, & emprunter, pour & au nom defd. Etats, en telles Villes, lieux & endroits, & de telles perfonnes que bon lui femblera, la fomme de quatre millions de livres à conftitution de rentes, au denier vingt, pour être, ladite fomme de quatre millions, payée au Tréfor Royal, pour le rachapt & exemption de l'impofition des quatre fols pour livre de la Capitation de la Bretagne, ordonnée par la Déclaration du Roi du 18 Décembre 1747, & ce conformément à ladite Déliberation du jour d'hier, & fans que ladite fomme de quatre millions puiffe être divertie à aucun autre ufage pour quelque caufe, raifon, & prétexte que ce puiffe être; & pour faciliter l'emprunt de ladite fomme le plus promptement que faire fe pourra, les Etats ont déclaré & déclarent fous le bon plaifir du Roi, que les rentes des Contrats qui feront conftituées en vertu des Préfentes, feront exemptes de la retenue du Dixiéme, & deux fols pour livre du Dixiéme, & ne pourront être retranchées ni réduites pour quelque caufe & fous quelque prétexte que ce puiffe être; comme auffi qu'elles commenceront à courir à compter du premier du quartier courant, dans lefquels les capitaux en auront été remis à la Caiffe dudit fieur Tréforier, & que mention en fera faite dans les Contrats qui en feront confentis aux Prêteurs; & afin que Sa Majefté reçoive fans aucun retardement, l'utilité & le fecours qu'elle attend de ladite fomme de quatre millions de livres, les Etats donnent pouvoir audit fieur de Laboiffiere, leur Tréforier, de la prendre en tout ou partie, des Etrangers non naturalifés, & de ceux demeurans hors le Royaume, Pays, Terres & Seigneuries hors de l'obéiffance de Sa Majefté, ainfi que s'ils étoient fes propres Sujets; & à cet effet, le Roi fera très-humblement fupplié d'accorder fes Lettres pour approuver & autorifer ladite procuration, & donner pouvoir de paffer les Contrats & Emprunts avec lefdits Etrangers à la fufdite raifon du denier vingt, francs & quittes du Dixiéme & deux fols pour livre du Dixiéme, avec la permiffion à eux de difpofer des rentes qui leur feront conftituées au nom

A

des Etats en vertu des Prefentes, ou qu'ils acquereront ci-après, tant
par donation entre-vifs, que par teftament ou autrement, en quelque
forte & maniere que ce foit ; & au cas qu'ils n'en puiffent & n'en auroient
pas difpofé de leur vivant, que leurs heritiers leur fuccederont, encore que
leurs Donataires, Legataires ou heritiers foient auffi Etrangers & non Regnicoles; pourquoi Sa Majefté fera fuppliée de renoncer aux Droits d'Aubaine & autres, même à celui de confifcation, en cas qu'ils fuffent Sujets
des Princes & Etats contre lefquels Sa Majefté eft préfentement ou pourroit être ci-après en guerre, & que lefdites rentes qui feroient auffi ac-
quifes par les Etrangers, foient exemptes de toutes Lettres de marques
& de reprefailles, pour quelque caufe & fous quelque prétexte que ce
foit, le tout ainfi & de la maniere que Sa Majefté l'a permis pour les
Rentes créées fur les Aydes & Gabelles ; comme auffi, quant à celles
defdites rentes qui fe conftitueront au profit defdits Etrangers feule-
ment, & à ceux qui leur fuccederont, qu'elles ne pourroient être faifies
par les créanciers Regnicoles ou Etrangers ; fur le tout paffer les actes &
Contrats néceffaires en telle forme & maniere, & fous telles claufes,
conditions & fûretés que les Prêteurs fouhaiteront ; s'obliger par ledit
fieur Tréforier, pour & au nom defdits Etats, de payer lefdites rentes,
franches & quittes de Dixiéme, & des deux fols pour livre du Dixiéme,
par demie année, les premiers des mois de Juillet & Janvier de chacune
année, ainfi qu'elles écheront, & continuer jufqu'à l'actuel & parfait
rembourfement des fommes principales ; & fera Sa Majefté fuppliée,
pour procurer ledit emprunt, d'ordonner que les rentes qui feront conftituées à prix d'argent par lefdits Etats en vertu des Prefentes, au profit
des Gens de main-morte, foient & demeurent déchargées des Droits
d'amortiffement, & qu'il plaife au Roi d'exempter les Contrats, Quittances & autres actes concernans ledit emprunt des Droits de Contrôle
& de Sceau. Donnent pareillement pouvoir lefdits Etats, audit fieur de
Laboiffiere, de pour, & en leur nom, affecter, obliger, & hypotequer
au payement des rentes & rembourfemens des principaux, tous & cha-
cuns les biens & revenus defdits Etats généralement quelconques, pour
fur iceux, être procedé fuivant les Ordonnances Royaux & Coutumes
de ce Pays ; comme auffi, de fubftituer par ledit fieur Tréforier, pour
l'exécution de la préfente dans la Ville de Paris, & dans les autres
Villes, telles perfonnes qu'il lui plaira, avec pareil ou moindre pouvoir que celui ci-deffus, le préfent fortant toujours fon plein & entier effet ; copie de laquelle procuration fera dépofée par ledit fieur
Tréforier, entre les mains de deux Notaires au Châtelet de Paris ; une
autre dans la Ville de Rennes, entre les mains de M^e. Berthelot, Notaire
defd. Etats, & une autre entre les mains d'un Notaire Royal en la Ville de
Nantes ; lefquels feront tenus de les émarger, & de faire mention des
Emprunts à proportion qu'ils feront faits ; & feront lefdits Contrats paffés fur ledit Emprunt, approuvés par l'un de Meffieurs les Procureurs
Généraux, Syndics des Etats, ou en leur abfence, de leur Subftitut,
au moment de la paffation d'iceux, s'ils fe trouvent fur les lieux, finon
fix mois après, en attendant la ratification & enregiftrement, qui s'en
fera par les Etats en leur prochaine Affemblée. Promettant lefdits Etats

avoir pour agréable, tout ce qui fera fait par ledit fieur Tréforier en vertu des Prefentes, & s'obligent de payer, exécuter & accomplir les Contrats qui feront paffés felon leur forme & teneur, & de les ratifier d'abondant, lors de la premiere Affife des Etats, à peine de tous dépens, dommages & interêts, le tout néanmoins tenant; & ont été priés Nosseigneurs les Commiffaires du Roi, d'approuver la prefente Procuration, & d'obtenir inceffamment de Sa Majefté, les Lettres de validation fur ce néceffaires; comme auffi de autorifer, dès-à-prefent, ledit fieur Tréforier & fes Subftituts dans les Villes de Paris, Rennes, & Nantes, de donner aux Prêteurs leurs récepiffés, portant promeffe de paffer Contrat.

Fait & arrêté en la Ville de Rennes dans l'Affemblée extraordinaire defdits Etats, le premier jour du mois de May mil fept cent quarante-huit. *Signé en la minute*, † Jean-Louis, Evêque de Dol, le Duc de Rohan, & Baillon. Et au-deffous eft écrit ce qui fuit:

Vû & approuvé par Nous, Commiffaires du Roi à Rennes, le premier May mil fept cent quarante-huit : Signé, la Briffe d'Amilly & Pontcarré de Viarme.

Pour Expedition conforme à la minute dépofée au Greffe des Etats : Signé, de la Landelle, *Greffier des Etats de Bretagne.*

Deux expeditions de la Procuration ci-devant ont été dépofées pour minutte par ledit fieur de Laboiffiere, à Perret & Baron, Notaires à Paris, & aux fins y portées, par deux Actes paffés le même jour treize Août mil fept cent quarante-huit; & par les mêmes actes ledit fieur de Laboiffiere, en vertu du pouvoir des Etats porté en ladite Procuration, a fubftitué en fon lieu & place Jean Deharan de Borda, Écuyer, à l'effet d'exécuter & accomplir les pouvoirs portés en ladite Procuration, & faire en vertu d'icelle, tout ce qu'auroit pû faire ledit fieur de Laboiffiere.

EXTRAIT DES REGISTRES DU CONSEIL D'ETAT

VU par le Roi, étant en son Conseil, la Déliberation prise le 30 Avril dernier, par les Gens des trois Etats de la Province de Bretagne, convoqués & assemblés extraordinairement, de l'autorité de Sa Majesté, sur la demande à eux faite par les Sieurs Commissaires de Sa Majesté, des quatre sols pour livre en sus du prix de l'abonnement de la Capitation de ladite Province, en exécution de l'Arrêt du Conseil du 18 Décembre 1747, qui ordonne la perception pendant dix années, à compter du 1 Janvier 1748 des quatre sols pour livre en sus de la Capitation dans tout le Royaume; ladite Déliberation portant que les Etats, pour se conformer aux volontés de Sa Majesté, ont consenti ladite imposition, & en conséquence ordonné, que, par la Commission intermediaire desdits Etats, la somme de trois cens soixante mille livres faisant les quatre sols pour livre de celle de dix-huit cens mille livres, à laquelle monte le prix actuel de l'abonnement de la Capitation, seroit employée par augmentation sur les Rôles de la présente année 1748, à raison des quatre sols pour livre en sus de chaque cotte, & payée en entier & de net au Trésor Royal sans diminution, ou déduction, frais & non-valeurs, dans les mêmes termes & de la même maniere que le principal dudit abonnement; qu'ils ont pareillement consenti sur la demande qui leur en a aussi été faite par lesdits *Sieurs Commissaires de prêter à Sa Majesté* leur crédit pour emprunter à son profit la somme de quatre millions de livres, à constitution de rentes au denier vingt, exemptes du Dixiéme & des deux sols pour livre du Dixiéme, les arrérages desquelles rentes montant à deux cens mille livres par an, seroient assignés & prélevés par préference sur les trois cens soixante mille livres provenans du produit annuel des quatre sols pour livre en sus de la Capitation de la Province: Sa Majesté s'étant réservé de pourvoir au remboursement du capital desdits quatre millions, au moyen d'une somme de trois cens mille livres qui seroit prélevée chaque année, à commencer un an après la cessation de la guerre, & jusqu'au parfait remboursement dudit capital, sur celle de dix-huit cens mille livres, prix de l'abonnement de la Capitation de ladite Province, & aux autres conditions exprimées dans ladite Déliberation; qu'après avoir donné à Sa Majesté ces nouvelles preuves de leur zéle & de leur dévoüement pour son service, les Etats espéroient qu'Elle voudroit bien faire attention au malheureux & déplorable état de la Province, & les admettre à faire le rachat desdits quatre sols pour livre, au moyen d'une pareille somme de quatre millions de livres, qu'ils feroient porter au Trésor Royal pour être dispensés de l'imposition desd. quatre sols pour livre, & de prêter leur crédit à Sa Majesté pour ledit emprunt, & pour cet effet leur permettre d'emprunter en leur nom ladite somme de quatre millions, à constitution de rente au denier vingt, exemptes du Dixiéme & des deux sols pour livre du Dixiéme, & aux autres clauses & conditions des précedens emprunts faits par lesdits Etats, les autoriser à lever sur les boissons, comme étant la voye la moins onéreuse à la Province, la somme de deux cens mille livres nécessaire pour acquitter annuellement les interêts dudit emprunt de quatre millions, jusqu'au remboursement du capital, avec faculté de réduire & diminuer ladite levée de deux cens mille livres sur les boissons à mesure que les Etats auroient connoissance de l'extinction de partie dudit capital & du produit de ladite levée; & en conséquence leur permettre de rétablir les six septiémes des droits de jaugeages, les droits des Inspecteurs aux Boissons, dont la perception a été suspendüe par Déliberation desdits Etats du 1 Octobre 1720, même de lever par augmentation un tiers en sus des droits de Courtiers, Gourmets & Commissionnaires, qui ont lieu actuellement; la levée & perception desquels droits seroient faites, à compter du jour de la publication de l'Arrêt qui interviendroit, par les Fermiers des devoirs de ladite Province de Bretagne, au moyen d'une remise de six deniers pour livre en cas qu'ils ne veüillent pas faire les mauvais deniers bons, c'est-à-dire, répondre de ladite recette, & d'un sol pour livre en faisant les mauvais deniers bons, & répondant de ladite recette, le tout à l'option desdits Fermiers, & à la charge par eux de compter du produit desdits droits à la fin de chaque tierce ausd. Etats, ou à leurs Commissaires de la Commission intermédiaire, qu'ils ont autorisés à cet effet; & de remettre à ladite Commission un état certifié d'eux ou de leurs Commis & Préposés, du montant du recouvrement de chaque tierce, conforme à leurs Registres, comme aussi de remettre à la Caisse desdits Etats le montant dudit recouvrement à la fin de chaque tierce, à la déduction desdits six deniers ou sol pour livre; le tout, sans que lesdits Fermiers des devoirs puissent prétendre avoir aucune liberté, fonction & extention des droits, autres que ce qui est porté & à eux accordé dans le bail actuel de leurs Fermes, & sans qu'ils puissent prétendre autre & plus grand droit de quittance ou passavant, que celui qu'ils perçoivent actuellement; que les Etats espéroient encore que Sa Majesté voudroit bien se charger de pourvoir au remboursement du capital desdits quatre millions, au moyen d'une somme de trois cens mille livres, qui seroit prélevée chaque année, à commencer de celle qui suivroit la cessation de la guerre, sur le montant du produit de la Capitation de ladite Province; à l'effet de quoi, ils auroient chargé leurs Députés à la Cour, de solliciter un Arrêt du Conseil, portant autorisation & approbation de ladite Déliberation, & de faire en même-tems toutes les instances & représentations afin d'obtenir que Sa Majesté veüille bien prendre sur son compte tous les frais dudit emprunt, des contrats, des quittances de remboursement & autres à faire à cette occasion. Vû aussi l'approbation donnée sous le bon plaisir de Sa Majesté par lesdits Sieurs Commissaires, à ladite Déliberation, le Tarif arrêté en conséquence par lesdits Etats le 2 du présent mois; ensemble la Procuration par eux donnée à leur Trésorier pour l'emprunt de ladite somme de quatre millions livres; la Requête ou Mémoire présenté par les Sieurs Députés & Procureur Général, Syndic desdits Etats, aux fins de ladite Déliberation, & ledit Arrêt du Conseil du 18 Décembre 1747, & Sa Majesté voulant favorablement traiter ses Sujets de la Province de Bretagne, & donner

A iij

aux Etats de ladite Province des marques de la fatisfaction qu'Elle a du zele qu'ils ont témoigné en cette occafion pour fon fervice : O u i le rapport du Sieur de Machault, Confeiller ordinaire au Confeil Royal, Contrôleur Général des Finances : S a M a j e s t é é t a n t e n s o n C o n s e i l a ordonné & ordonne :

A r t i c l e I.

Qu'en payant par les Etats de la Province de Bretagne, fuivant leurs offres, la fomme de quatre millions de livres, qui fera portée au Tréfor Royal, par le Tréforier defdits Etats, pour tenir lieu des quatre fols pour livre en fus de la Capitation, dont la levée a été ordonnée par ledit Arrêt du Confeil du 18 Décembre 1747 ; ladite Province demeurera déchargée de l'exécution dudit Arrêt.

A r t i c l e I I.

Permet Sa Majefté aux Etats de ladite Province d'emprunter à conftitution de rentes au denier vingt, ladite fomme de quatre millions, conformément à ladite Procuration par eux donnée à leur Tréforier le 1 Mai dernier, que Sa Majefté a autorifé & autorife à cet effet, & en outre la fomme à laquelle pourront monter les frais à faire à l'occafion dud. emprunt, à la charge par lefdits Etats de payer annuellement les interêts dudit emprunt, jufqu'au parfait remboursement des capitaux.

A r t i c l e I I I.

Permet auffi Sa Majefté aufdits Etats de pourvoir au payement defdits interêts par une augmentation de droit fur les Boiffons, conformément à leurdite Déliberation du 30 Avril dernier, avec faculté aufdits Etats de réduire ou diminuer lefdits droits à mefure qu'ils auront connoiffance de l'extinction de partie du capital, & à proportion du produit defdits droits, s'il fe trouve exceder le montant defdits interêts ; & en conféquence de rétablir & faire percevoir à leur profit les droits d'Infpecteurs aux Boiffons, dont la levée a été fufpenduë par leur Déliberation du 1 Octobre 1720 ; comme auffi les fix feptiémes fufpendus par ladite Déliberation des droits de jaugeage, même de lever par augmentation un tiers en fus, des droits de Courtiers, Gourmets & Commiffionaires, qui fe perçoivent actuellement ; le tout ainfi qu'il eft porté par le Tarif arrêté par lefdits Etats le 2 du préfent mois, dont une expédition demeurera annexée à la minutte du préfent Arrêt. Ordonne Sa Majefté, qu'à commencer du jour de la publication d'icelui, les Fermiers actuels de la Ferme des devoirs, & de celle des impôts & billots, leurs Directeurs, Receveurs & Commis feront tenus de faire pendant le refte de la durée de leur bail, la régie & perception des droits portés audit Tarif, & d'en compter au profit defdits Etats, fans que pour raifon de ladite régie lefdits Fermiers puiffent prétendre, foit par eux, ou par leurs Commis, aucune extenfion à l'exercice des droits portés par le bail actuel de la Ferme des devoirs & droits y joints, ni percevoir autre ou plus grand droit de quittances ou paſſavant, que celui qu'ils perçoivent actuellement : Veut Sa Majeſté qu'il ſoit fourni & délivré par leſdits Fermiers dans les vingt jours qui ſuivront l'expiration de chaque tierce, aux Sieurs Commiſſaires de la Commiſſion intermédiaire ſur leurs récepiſſés, des états certifiés de leurs Commis ou Prépoſés, du produit deſd. droits, conformément aux Regiſtres qui ſeront tenus à cet effet, pour le montant en être remis par leſdits Fermiers ou leurs Receveurs à la Caiſſe du Tréſorier de la Province dans le mois, après l'expiration de chaque tierce ; le tout à la déduction de la remiſe, qui ſera convenuë de gré à gré entre les Etats en leur prochaine Aſſemblée, & leſdits Fermiers, ou qui ſera en cas de difficulté, reglée par les Sieurs Commiſſaires de Sa Majeſté à ladite Aſſemblée, laquelle remiſe ſera paſſée en dépenſe auſdits Fermiers ſur le produit deſdits droits : Ordonne en outre Sa Majeſté que tous Commis & Employés ayant ſerment en Juſtice pour la régie & conſervation des devoirs & droits y joints, pourront travailler à la régie & conſervation des droits portés par le Tarif ci-deſſus mentionné, faire toutes viſites & exercices & rapporter leurs Procès-verbaux de fraude, contraventions & rébellions, & tous autres actes concernant ladite régie, auſquels il ſera ajouté foi, ſans qu'ils ſoient tenus de prêter nouveaux ſermens, & de faire de nouveau inſcrire leurs noms au Tableau.

A R T I C L E I V.

Et pour donner auſdits Etats le moyen de ſubvenir au rembourſement des capitaux dudit emprunt de quatre millions, & de la ſomme à laquelle ſe trouveront monter les frais à faire à l'occaſion d'icelui, Sa Majeſté leur a accordé & accorde, à commencer un an après la Paix, & juſqu'à l'entiere extinction deſd. capitaux, une remiſe annuelle de la ſomme de trois cens mille livres ſur celle de dix-huit cens mille livres, à laquelle monte l'abonnement de la Capitation de ladite Province, pour être ladite ſomme de trois cens mille livres employée au rembourſement de partie des capitaux dudit emprunt, & les Etats déchargés des interêts à proportion, à l'effet dequoi ladite ſomme de trois cens mille livres ſera retenuë chaque année, à commencer un an après la Paix, par le Tréſorier deſd. Etats auquel il en ſera tenu compte par le Garde du Tréſor Royal ſur ſa ſimple quittance, en vertu du préſent Arrêt.

A R T I C L E V.

Ordonne Sa Majeſté, que les rentes qui ſeront conſtituées pour raiſon dudit emprunt de quatre millions de livres, & du montant des frais à faire à l'occaſion d'icelui, ſeront & demeureront exemptes de la retenuë du Dixiéme, & des deux ſols pour livre du Dixiéme ; faiſant à cet effet défenſes au Tréſorier des Etats de faire ladite retenuë, & que les premiers contrats qui ſeront paſſés pour raiſon dudit emprunt, ainſi que les quittances de rembourſement, ſeront exempts des droits de contrôle & de petit ſceau.

Veut Sa Majesté que les Tuteurs & Curateurs puissent faire dans ledit emprunt emploi des deniers des Pupiles, Mineurs ou Interdits, en observant les formalités qui sont en usage dans les lieux où les emprunts seront faits, & que les Communautés Séculieres ou Régulieres, Hôpitaux, Fabriques & Gens de main-morte puissent aussi employer leurs deniers dans ledit emprunt, sans être tenus de payer aucun droit d'amortissement des rentes qui seront constituées à leur profit.

Veut de plus, Sa Majesté, que les Etrangers non naturalisés, même ceux demeurans hors du Royaume, Pays, Terres & Seigneuries de son obéissance, puissent ainsi que ses propres Sujets acquerir lesdites rentes, encore qu'ils soient Sujets des Puissances avec lesquelles Sa Majesté est ou pourroit être en guerre, & qu'ils en jouissent & puissent disposer entre-vifs, par testament ou autrement, en principaux & arrérages, & qu'en cas qu'ils n'en eussent pas disposé de leur vivant, leurs Héritiers, Donataires, Légataires ou autres les représentans, leur succedent, encore qu'ils soient Etrangers, & non Regnicoles, même qu'ils soient Sujets des Princes & Etats avec lesquels Sa Majesté est ou pourroit être en guerre, & qu'en conséquence lesdites rentes seront exemptes de toutes Lettres de marques & de réprésailles, droits d'Aubaine, confiscation ou autre qui pourroient appartenir à Sa Majesté; & sur le présent Arrêt toutes Lettres nécessaires seront expédiées. F a i t au Conseil d'Etat du Roi, Sa Majesté y étant, tenu à Versailles le dixiéme jour de Juin 1748. *Signé*, PHELYPPEAUX.

Et au bas est écrit, *Extrait des Registres du Parlement. Signé*, L. C. PICQUET.

LOUIS, PAR LA GRACE DE DIEU, ROI DE FRANCE ET DE NAVARRE: A nos amés & féaux, les Gens tenans notre Cour de Parlement à Rennes, SALUT. Nous étant fait representer en notre Conseil la Déliberation prise le 30 Avril dernier, par les Gens des Trois Etats de notre Province de Bretagne, convoqués & assemblés extraordinairement de notre autorité, sur la demande à eux faite par nos sieurs Commissaires, des quatre sols pour livre en sus du prix de l'abonnement de la Capitation de notredite Province, en exécution de l'Arrêt de notre Conseil du 18 Décembre 1747, qui ordonne la perception pendant dix années, à compter du 1 de Janvier 1748, des quatre sols pour livre en sus de la Capitation dans tout notre Royaume; ladite Déliberation portant, que les Etats pour se conformer à nos volontés, ont consenti lad. imposition, & en conséquence, ordonné que par la Commission intermédiaire desdits Etats, la somme de trois cens soixante mille livres, faisant les quatre sols pour livre de celle de dix-huit cens mille livres à laquelle monte le prix actuel de l'abonnement de la Capitation, seroit employée par augmentation sur les rôles de la presente année 1748, à raison des quatre sols pour livre en sus de chaque cotte, & payée en entier de net en notre Trésor Royal, sans diminution ou déduction, frais & non valeurs, dans les mêmes termes, & de la même maniere que le principal dudit abonnement, qu'ils ont pareillement consenti sur la demandé qui leur en a auſſi été faite par noſd. ſieurs Commiſſaires, de nous prêter leur crédit pour emprunter à notre profit, la ſomme de quatre millions de livres à conſtitution de rente au denier vingt, exemptes du Dixiéme & des deux ſols pour livre du Dixiéme, les arrerages deſquelles rentes montans à deux cens mille livres par an, ſeroient aſſignés & prélevés ſur les trois cens ſoixante mille livres provenans du produit annuel des quatre ſols pour livre en ſus de la Capitation de la Province, Nous étant réſervé de pourvoir au rembourſement du capital deſdits quatre millions, au moyen d'une ſomme de trois cens mille livres qui ſera prélevée chaque année, à commencer un an après la ceſſation de la guerre, & juſqu'au parfait rembourſement dud. capital, ſur celle de dix-huit cens mille livres, prix de l'abonnement de la Capitation de ladite Province, & aux autres clauſes & conditions exprimées dans ladite Déliberation: Qu'après Nous avoir donné ces nouvelles preuves de leur zele & de leur dévouëment pour notre ſervice, les Etats eſperoient que Nous voudrions bien faire attention au malheureux & déplorable état de la Province, & les admettre à faire le rachat deſdits quatre ſols pour livre, au moyen d'une pareille ſomme de quatre millions de livres qu'ils feroient porter en notre Tréſor Royal, pour être diſpenſés de l'impoſition deſdits quatre ſols pour livre, & de nous prêter leur crédit pour ledit emprunt; & pour cet effet, leur permettre d'emprunter en leur nom ladite ſomme de quatre millions à conſtitution de rentes au denier vingt, exemptes du Dixiéme, & des deux ſols pour livre du Dixiéme, & autres clauſes & conditions des précedens emprunts faits par leſdits Etats, les autoriſer à lever ſur les boiſſons comme étant la voye la moins onereuſe à la Province, la ſomme de deux cens mille livres néceſſaire pour acquitter annuellement les interêts dudit emprunt de quatre millions juſqu'au rembourſement du capital, avec faculté de réduire & diminuer ladite levée de deux cens mille livres ſur les boiſſons, à meſure que les Etats auroient connoiſſance de l'extinction de partie dudit capital, & du produit de ladite levée; & en conſéquence, leur permettre de rétablir les ſix ſeptiémes des Droits de Jaugeage, les Droits des Inſpecteurs aux Boiſſons dont la perception a été ſuſpendue par Déliberation deſdits Etats, du premier Octobre 1720, même de lever par augmentation un tiers en ſus des Droits de Courtiers-Gourmets & Commiſſionnaires qui ont lieu actuellement, la levée & perception deſquels Droits ſeroient faites à compter du jour de la publication de l'Arrêt qui interviendroit, par les Fermiers des devoirs de notre Province de Bretagne, au moyen d'une remiſe de 6 d. pour liv. en cas qu'ils ne veuillent pas faire les mauvais deniers bons, c'eſt-à-dire répondre de lad. recette, & d'un ſol pour liv. en faiſant les mauvais deniers bons, & répondant de lad. recette; le tout à l'option deſd. Fermiers, & à la charge par eux de compter du produit deſd. Droits, à la fin de chaque tierce, auſd. Etats ou à leurs Commiſſaires de la Commiſſion intermédiaire qu'ils ont autoriſés à cet effet, & de remettre à ladite Commiſſion un état certifié d'eux ou de leurs Commis & Prépoſés, du montant du recouvrement de chaque tierce, conforme à leurs regiſtres; comme auſſi, de remettre à la Caiſſe deſdits Etats, le montant dudit recouvrement, à la fin de chaque tierce, & la déduction deſdits ſix deniers ou fol pour livre, le tout, fans que lefdits Fermiers des devoirs puiffent prétendre avoir aucune liberté, fonctions & extentions de Droits autres que ce qui eft porté & à eux accordé dans le bail actuel de leurs Fermes, & fans qu'ils puiffent prétendre autre & plus grand droit de quittance ou paffavant que celui qu'ils perçoivent actuellement : Que lefdits Etats efperoient encore que Nous voudrions bien nous charger de pourvoir au rembourfement du capital defdits quatre millions, au moyen d'une fomme de trois cens mille livres qui feroit prélevée chaque année, à commencer de celle que fuivroit la ceffation de la Guerre, fur le montant du produit de la Capitation de ladite Province, à l'effet de quoi ils auroïent chargé leurs Députés à notre Cour, de folliciter un Arrêt de notre Confeil, portant autorifation & approbation de ladite Déliberation, & de faire en même-tems, toutes les Inftances & reprefentations afin d'obtenir que Nous veuillions bien prendre fur notre compte, tous les frais dudit emprunt des Contrats, des quittances de rembourfement & autres à faire à cette occafion. Vû l'approbation donnée fous notre bon plaifir par nofdits fieurs Commiffaires à ladite Déliberation, le tarif arrêté en conféquence par lefdits Etats le deux du prefent mois; enfemble, la Procuration par eux donnée à leur Tréforier pour l'emprunt de ladite fomme de quatre millions de livres; la Requête ou Mémoire prefenté par les fieurs Députés & Procureur Général, Syndic defdits Etats, aux fins de ladite Déliberation, & ledit Arrêt de notre Confeil du 18 Décembre 1747: Et voulant favorablement traiter nos Sujets de notre Province de Bretagne, & donner aux Etats de notredite Province, des marques de la fatisfaction que Nous avons du zele qu'ils ont témoigné en cette occafion pour notre Service; Nous avons fur ce expliqué nos intentions par l'Arrêt de ce jourd'hui donné en notre Confeil d'Etat, Nous y étant, pour l'exécution duquel Nous avons ordonné que toutes Lettres néceffaires feront expediées: A CES CAUSES, de l'avis de notre Confeil, qui a vû ledit Arrêt ci-attaché fous le contre-fcel de notre Chancellerie, Nous avons ordonné, & par ces Prefentes fignées de notre main, ordonnons:

ARTICLE PREMIER.

Qu'en payant par les Etats de notre Province de Bretagne, fuivant leurs offres, la fomme de quatre millions de livres, qui fera portée en notre Tréfor Royal, par le Tréforier defdits Etats, pour tenir lieu des quatre fols pour livre en fus de la Capitation, dont la levée a été ordonnée par ledit Arrêt de notre Confeil du 18 Décembre 1747, notredite Province demeurera déchargée de l'exécution de notredit Arrêt.

ARTICLE II.

Permettons aux Etats de notredite Province, d'emprunter, à conftitution de rentes, au denier vingt, ladite fomme de quatre millions, conformément à ladite Procuration par eux donnée à leur Tréforier, le 1er. May dernier, que Nous avons autorifé & autorifons à cet effet, & en outre, la fomme à laquelle pourront monter les frais à faire à l'occafion dudit emprunt, à la charge par lefdits Etats, de payer annuellement les interêts dudit emprunt jufqu'au parfait rembourfement des capitaux.

ARTICLE III.

Permettons aussi ausdits Etats de pourvoir au payement desdits interêts par une augmentation de Droits sur les boissons, conformément à leurdite Déliberation du 30 Avril dernier, avec faculté ausdits Etats de réduire ou diminuer lesdits Droits à mesure qu'ils auront connoissance de l'extinction de partie du capital, & à proportion du produit desdits Droits, s'il se trouve exceder le montant des interêts ; & en conséquence, de rétablir & faire percevoir à leur profit, les Droits d'Inspecteurs aux Boissons dont la levée a été suspenduë par leur Déliberation du premier Octobre 1720 ; comme aussi les six septiémes suspendus par ladite Déliberation des Droits de Jaugeage, même de lever par augmentation un tiers en sus des Droits de Courtiers-Gourmets &Commissionnaires qui se perçoivent actuellement, le tout ainsi qu'il est porté par le tarif arrêté par lesdits Etats le 2 du present mois, dont une expedition demeurera annexée à la minute dudit Arrêt : ORDONNONS qu'à commencer du jour de la publication d'icelui, les Fermiers actuels de la Ferme des devoirs & de celle des impôts & billots, leurs Directeurs, Receveurs & Commis seront tenus de faire pendant le reste de la durée de leur bail, la régie & perception des droits portés audit tarif, & d'en compter au profit desdits Etats, sans que pour raison de ladite régie, lesdits Fermiers puissent prétendre, soit par eux ou par leurs Commis, aucune extension à l'exercice des Droits portés par le bail actuel de la Ferme des devoirs & droits y joints, ni percevoir autre ou plus grand droit de quittance ou passavant que celui qu'ils perçoivent actuellement : Voulons qu'il soit fourni & délivré par lesdits Fermiers dans les vingt jours qui suivront l'expiration de chaque tierce, aux sieurs Commissaires de la Commission intermédiaire, sur leurs récepissés, des états certifiés de leurs Commis ou Préposés du produit desdits Droits, conformément aux registres qui seront tenus à cet effet, pour le montant en être remis par lesdits Fermiers ou leurs Receveurs, à la Caisse du Trésorier de la Province dans le mois après l'expiration de chaque tierce ; le tout à la déduction de la remise qui sera convenue de gré à gré entre les Etats en leur prochaine Assemblée, & lesd. Fermiers, ou qui sera en cas de difficulté, reglée par nosdits sieurs Commissaires à ladite Assemblée, laquelle remise sera passée en dépense ausdits Fermiers sur le produit desdits Droits : ORDONNONS en outre que tous Commis & Employés ayant serment en Justice pour la régie & conservation des devoirs & droits y joints, pourront travailler à la régie & conservation des droits portés par le tarif ci-dessus mentionné, faire toute visites & exercices, & rapporter leurs Procès-verbaux de fraudes, contraventions & rebellions, & tous autres Actes concernans ladite régie, ausquels il sera ajouté foi, sans qu'ils soient tenus de prêter nouveaux sermens, & de faire de nouveau inscrire leurs noms au Tableau.

ARTICLE IV.

Et pour donner ausdits Etats le moyen de subvenir au remboursement des capitaux dudit emprunt de quatre millions & de la somme à laquelle se trouveront monter les frais à faire à l'occasion d'icelui, Nous leur avons accordé & accordons, à commencer un an après la paix, & jusqu'à l'entiere extinction defdits capitaux, une remife annuelle de la fomme de trois cens mille livres fur celle de dix-huit cens mille livres, à laquelle monte l'abonement de la Capitation de notredite Province, pour être lad. fomme de trois cens mille livres employée au rembourfement de partie des capitaux dudit emprunt, & les Etats déchargés des interêts à proportion, à l'effet de quoi, ladite fomme de trois cens mille livres fera retenuë chaque année à commencer un an après la paix, par le Tréforier defdits Etats, auquel il en fera tenu compte par le Garde de notre Tréfor Royal, fur fa fimple quittance en vertu des Prefentes.

A R T I C L E   V.

Ordonnons que les Rentes qui feront conftituées pour raifon dudit emprunt de quatre millions, & du montant des frais à faire à l'occafion d'icelui, feront & demeureront exemptes de la retenuë du Dixiéme, & des deux fols pour livre du Dixiéme : Faifons à cet effet, défenfes au Tréforier des Etats de faire ladite retenuë, & que les premiers Contrats qui feront paffés pour raifon dudit emprunt, ainfi que les quittances de rembourfement feront exempts des Droits de Contrôle & de Petit-Sceau.

A R T I C L E   V I.

Voulons que les Tuteurs & Curateurs puiffent faire dans ledit emprunt emploi des deniers de pupiles, mineurs ou interdits, en obfervant les formalités qui font en ufage dans les lieux où les emprunts feront faits, & que les Communautés Séculieres & Régulieres, Hôpitaux, Fabriques & Gens de main-morte puiffent auffi employer leurs deniers dans ledit emprunt, fans être tenus de payer aucun Droit d'amortiffement des Rentes qui feront conftituées à leur profit. Voulons de plus, que les Etrangers non naturalifés, même ceux demeurans hors de notre Royaume, Pays, Terres & Seigneuries de notre obéiffance, puiffent, ainfi que nos propres Sujets, acquerir lefdites Rentes, encore qu'ils foient Sujets des Puiffances avec lefquelles Nous fommes ou pourrions être en Guerre, & qu'ils en jouiffent & puiffent difpofer entre-vifs, par teftament ou autrement, en principaux & arrerages, & qu'en cas qu'ils n'en euffent pas difpofé de leur vivant, leurs heritiers, Donataires, Legataires, ou autres les reprefentans, leur fuccedent, encore qu'ils foient Etrangers, & non Regnicoles, même qu'ils foient Sujets des Princes & Etats avec lefquels Nous fommes ou pourrions être en Guerre, & qu'en conféquence lefditesRentes foient exemptes de toutes Lettres de marques & de réprefailles, Droit d'Aubaine, confifcation, ou autres qui pourroient nous appartenir. Si vous mandons, que ces Prefentes vous ayez à faire regiftrer & le contenu en icelles exécuter felon leur forme & teneur : Car tel eft notre plaifir. Donné à Verfailles le 10e. jour de Juin l'an de grace 1748, & de notre Regne le trente-troifiéme. *Signé* LOUIS. *Et plus bas eft écrit :* Par le Roi, *Signé*, PHELYPPEAUX.

Les Arrêts du Confeil & Lettres Patentes ci-deffus tranfcrits, ont été regiftrés au Parlement & à la Chambre des Comptes de Bretagne, les 29 & 30 Juillet 1748.

De l'Imprimerie de PAULUS-DU-MESNIL, ruë de la Vieille Draperie. 1748.

6.

Etats de Bretagne

Enregistrement de 6. millions Emprunté en proumotion du 19. Janvier 1759.
Et ce deliberation du 27. du même mois Le tout approuvé par Edit
du Roy du mois de Mars 1759. Enregistré à la Chambre des Comptes
et au parlement de Bretagne les 5. et 9. aout 1759.

Par cet Edit S. M. a fixé 300. mille livres de rente heréditaire
qu'il a aliéné aux d. Etats a la Charge par eux
payer journellement au Tresor Royal La somme de 6. millions
pour la finance principale de lad. Rente.
Il est aussi ordonné que seulement quand led. Etat devroit
payer annuellement a S. M. et spécialement sur l'emprunt
y prorouvé sur le don gratuit des d. Etats, Ne seront leur
Compensées ou remises aux d. Etats de 300. mille livres
jusqu'à l'extinction de lad. Rente. Et ce pendant que lesd.
300. mille livres Ne seroit remise remises par les d. Etats
Seulement qu'ils devroient payer a S. M. La
Somme de 200. mille livres jusqu'au parfait Remboursement
du Capital de 6. millions.

Et par le même Edit S. M. a permis aux d. Etats
d'Emprunter la somme de 6. millions a l'Interest de la rente
annuelle Noyé, franchement des 2. Vingtième Et des sols pour
12e. Il est parlé dans cet Edit, d'un autre Edit de Juin
pour un precedent Emprunt de 6. millions, Je le crois que c'est
une erreur, et que le premier Edit est de Janvier 1747 et non
de Juin. Autrement il a fait 2 Emprunts de 6. millions
Chacun dans la même année. s.

Chassigné.

7.
États de Bretagne

Emprunt de 40 millions 600 mille livres. En Vertu de Procuration
du 18 février 1759. et de délibération du 14 du même mois, le tout
autorisé par lettres patentes du mois de mars 1759.
Enregistré à la chambre des comptes et au parlement de Bretagne les 24 mars et 9 avril 1759.

Cet Emprunt a été fait pour payer au Trésor Royal
l'Emprunt en Consolidation de rente annuelle vingt francs même
de 2 vingts, et des 2ᵈˢ post. du X[?], pour payer
au Trésor Royal les 40 millions moyennant lequel
par l'Édit de 18 février 1759. Confirmé par lettres patentes
et les Commissaires du Roy ont cédé, délaissé
et abandonné aux États de Bretagne, toute la recette des
Domaines et autres appartenant à S. M. dans
la province de Bretagne qui avait été comprise
dans le bail fait au Nommé [...] demande le
3 février 1750. autres

Et 600000ᵗ pour les frais
par l'art. 12 de l'édit, le Roy s'est soumis
en cas qu'il luy plût déclarer les dits Domaines
se rembourser aux États le prix qu'ils en auraient payé
pour l'engagement et l'amélioration que les États auraient
faites.